CATALOGUE

D'OBJETS D'ART
ET D'ANTIQUITÉS,

Les jeudi 21, vendredi 22, et samedi 23 novembre 1850

CATALOGUE

D'UNE COLLECTION

D'OBJETS D'ART
ET D'ANTIQUITÉS,

TELS QUE

Antiquités égyptiennes, Vases grecs en terre peinte, Bronzes antiques, Médailles en bronze et en argent, Monnaies diverses, Bijoux antiques en or, Ivoires sculptés, Statuettes en marbre et en bronze, Armes anciennes, Porcelaines de Chine et du Japon, Curiosités chinoises et indiennes, Armes de Sauvages, Miniatures, Tableaux, Meubles en bois sculpté, etc., etc.

Composant le Cabinet de M. JAZET,

DONT LA VENTE AURA LIEU,

LES JEUDI 21, VENDREDI 22, ET SAMEDI 23 NOVEMBRE 1850,

A midi.

RUE DES JEUNEURS, 42,

SALLE N. 3.

Par le ministère de Mᵉ **BONNEFONS DE LAVIALLE**, Commissaire-Priseur, rue de Choiseul, 11.

Assisté de M. **ROUSSEL**, expert, rue du Dragon, n. 33.

Chez lesquels se distribue le présent Catalogue.

EXPOSITION PUBLIQUE

Le Mercredi 20 Novembre 1850, de midi à quatre heures.

PARIS

IMPRIMERIE ET LITHOGRAPHIE DE MAULDE ET RENOU,
Rue Bailleul, 9 et 11, près du Louvre.

1850

CONDITIONS DE LA VENTE.

Elle sera faite au comptant.
Les acquéreurs paieront, en sus des adjudications, 5 pour cent applicables aux frais.

DÉSIGNATION
DES OBJETS

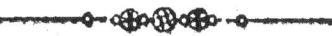

Antiquités égyptiennes.

1 — Terre émaillée. — Deux colliers composés de figurines et d'amulettes, bleu turquoise.
2 — Idem. — Cinq figurines, dont plusieurs en forme de momie sont chargées de caractères hiéroglyphiques.
3 — Idem. — Vingt-deux petites divinités et amulettes, dont plusieurs sont d'une grande finesse.
4 — Idem. — Quatre gros scarabées émaillés en bleu turquoise, avec ornements bleu foncé, plus une petite plaque en forme de stelle, sur laquelle est représenté le bœuf Apis émaillé en bleu.
5 — Idem. — Cinq petits scarabées ornés de caractères hiéroglyphiques en creux.
6 — Id. — Jolie petite amphore à deux anses, terre émaillée verdâtre, plus une petite bouteille et une petite coupe en verre bleu veiné de blanc.

7 — Basalte. — Six scarabées et amulettes.
8 — Jaspe. — Deux petites divinités, l'une en jaspe rouge, l'autre en jaspe vert.
9 — Lapis. — Une petite divinité très finement sculptée et un serpent en serpentine brune.
10 — Bois. — Jolie petite statuette, Isis allaitant Orus; les yeux sont en émail.
11 — Bague en ivoire avec un œil en or repoussé sur le chaton.
12 — Bois de cèdre. — Deux figures en forme de momies, ornée de peintures.
13 — Idem. — Un épervier la tête surmontée de deux plumes, et un serpent la tête surmontée d'un disque.
14 — Albâtre oriental. — Canope à tête de cynocéphale, avec caractères hiéroglyphiques dessinés en noir.
15 — Idem. — Canope sans couvercle, avec hiéglyphes dessinés en noir sur la panse; il renferme une partie de corps embaumé, trouvé à l'île Eléphantine sur le Nil.
16 — Idem. — Amphore à deux anses.
17 — Vase sans couvercle.
18 — Argent. — Petite amulette à tête de taureau et à tête de lion, plus deux petites divinités à tête d'épervier, en bronze émaillé.
19 — Bronze. — Jolie figurine agenouillée, bronze fin et bien conservé.
20 — Idem. — Un scalpel d'une forme rare.
21 — Trois petits paniers en vannerie.

22 — Divers fruits, graines et un petit crocodile, trouvés dans des tombeaux égyptiens.
23 — Huit divinités égyptiennes en bronze.

Vases grecs en terre peinte.

24 — Vulci. — Grande et belle coupe à deux anses, sujets héroïques, à peinture noire rehaussée de blanc et de violet.
25 — Idem. — Lecytus, peinture noire, combat de Minerve contre trois géants.
26 — Nola.—Vase à deux anses; peinture rouge. Deux éphèbes drapés et couronnés de roseaux.
27 — Idem. — Deux petits vases à une anse à peinture rouge.
28 — Idem. — Deux petites coupes à deux anses, peinture rouge.
29 — Basilicate. — Deux petits vases noirs ornés de guirlandes de pampres dessinés en blanc.
30 — Idem. — Cinq pièces, vases, coupes et couvercle à peintures rouges.
31 — Idem. — Quatre petits vases à anses, décorés de palmettes noires.
32 — Grand vase en terre noire, à une anse.
33 — Manière phénicienne. — Douze vases en terre grise, décorés d'animaux et de palmettes.
34 — Idem. — Grand vase à deux anses doubles.

35 — Nola. — Une lampe, noir uni, et trois petites lampes romaines en terre cuite.
36 — Très grande amphore romaine, en terre rouge, d'une forme très élégante et bien conservée.
37 — Autre vase grec en terre rouge, entièrement couvert de vermiculaire (coquille marine), trouvé dans le canal du Pont en Cappadoce.
38 — Onze petits vases de différentes formes en terre rouge.
39 — Terra cuite. — Une figurine et une tête de femme, votives.
40 — Vulci. — Peinture noire, sujet héroïque, vase à deux anses.
41 — Autre vase de même forme et même fabrique.
42 — Manière phénicienne. — Coupe à pied élevé, peinture noire rehaussée de violet et de blanc : animaux et figures.
43 — Vulci. — Petite coupe à deux anses, peinture noire rehaussée de violet et de blanc.
44 — Lecytus à peinture rouge.
45 — Deux coupes à deux anses, peinture noire, rehaussée de blanc et de violet.
46 — Dix-neuf vases de diverses fabriques et de formes variées seront vendus par lots.
47 — Plusieurs lots de médailles grecques, romaines, du moyen-âge et modernes, tant en bronze qu'en argent, seront vendus sous ce numéro.

48 — Verre blanc irisé. — Cinq petits vases lacrymatoires et une petite coupe ronde.

Bronzes antiques.

49 — Belle lampe romaine avec anse surélevée, bien conservée.
50 — Autre lampe à peu près de même forme.
51 — Un strigille, bien conservé.
52 — Un taureau, sur socle en marbre.
53 — Deux figurines sur socles en marbre.
54 — Deux coupes rondes sans anses.
55 — Environ vingt clefs de différentes grandeurs, dont plusieurs sont très fines et bien conservées.
56 — Dix fibules et agrafes de manteaux.
57 — Trois bracelets et une plaque ronde, ornée d'un bas-relief, sujet de chasse, style étrusque.
58 — Six pièces : quatre cuillers, un couteau et une épingle de tête pourvue d'une très belle patine.
59 — Une petite coupe à une anse, et un plateau.
60 — Un miroir.
61 — Plusieurs pièces en bronze à divers usages.

Marbres antiques.

62 — Un bas-relief provenant d'un sarcophage, représentant un festin de funérailles, en marbre blanc.
63 — Autre bas-relief, génie ailé.

Bijoux antiques.

64 — Une paire de boucles d'oreilles égyptiennes, formées de deux figurines à tête d'épervier, en lapis-lazuli, d'un travail très fin, garnies en or.

65 — Deux boucles d'oreille en or, l'une garnie d'un pendant en saphir d'eau, l'autre d'un pendant en lapis-lazuli.

66 — Une paire de boucles d'oreilles en or, avec chatons garnis d'améthystes, les pendants en perles fines et émeraudes.

67 — Petite plaque ronde en or repoussé représentant une tête radiée ; une petite épingle ornée d'une rosace en or, et une boucle d'oreille en or avec perle en jaspe sanguin.

68 — Une grande et belle paire de boucles d'oreille en filigrane d'or. Les pierres des chatons manquent.

69 — Bague en or, ornée d'un scarabée en terre émaillé, vert, chargé d'hiéroglyphes.

70 — Deux bagues avec intailles sur agate, représentant l'une un cheval marin et l'autre un cheval ailé.

71 — Deux bagues en fer, l'une ornée d'une intaille, et l'autre d'une tête d'enfant en relief sur améthyste.

72 — Trois bagues en fer et en bronze, avec chatons garnis en argent, gravés en creux et en relief.

73 — Trois bagues en argent, deux ont les chatons gravés en creux, la troisième a la forme d'un serpent.
74 — Deux bagues en or, l'une ornée d'une pâte antique, et l'autre d'un très petit saphir.
75 — Une paire de boucles d'oreilles en or.
76 — Pâte antique gravée en creux, imitant un nicolot, monture moderne en or.

Bijoux de diverses époques.

77 — Un collier et deux boucles d'oreilles arabes formés de grains d'enfilage en corail et de verroterie, alternés de médailles en argent ; au centre du collier est une amulette en argent repoussé.
78 — Autre collier du même genre.
79 — Cuiller et fourchette en argent doré, dont les manches sont terminés par des figurines, style du XVIe siècle.
80 — Fourchette en argent, dont le long manche en verre est orné de viroles en argent.
81 — Plusieurs bracelets circassiens ornés de pierreries, dont un en argent niellé.
82 — Une paire de boucles d'oreilles turques en filigrane d'argent doré.
83 — Belle bague d'évêque en cuivre doré, dont le chaton est garni d'une pièce en cristal de roche taillé; sur un côté du chaton la Vierge et l'Enfant-Jésus; du côté opposé

un saint évêque, exécutés en relief. On lit sur le corps de la bague : Episc. LUGDUN. (évêque de Lyon).

84 — Divers bijoux en argent ornés de pierreries du temps de Louis XIII.

85 — Collier formé de nœuds en argent et de grains de verroterie, et un médaillon en cuivre doré.

86 — Très grosse bague d'évêque en cuivre doré. Le chaton est orné d'un bas-relief représentant la Crèche ; l'anneau porte des inscriptions gravées en creux.

87 — Bague à chaton ouvrant, en fer damasquiné d'argent ; le dessus du chaton offre un bas-relief en argent de rapport, représentant Vénus sur un char conduit par l'Amour ; à l'intérieur se trouve un monogramme composé des lettres P. H. V. enlacées avec la date de 1382, également en rapport. Cette bague curieuse est enrichie de saphir et de rubis cabochons enchâssés dans le métal.

88 — Bague avec camée agate à deux couches : tête d'Empereur laurée.

89 — Neuf bagues en argent, avec ornements variés.

90 — Deux bagues en or du xvie siècle : l'une d'elles a le chaton garni de deux pierres à tables.

91 — Bague en fer, dont le chaton est orné d'un bas-relief représentant un cavalier couvert d'une armure du temps de Henri IV.
92 — Jolie petite tabatière en or ciselé du temps de Louis XVI.
93 — Boîte à parfums, chinoise, en filigrane d'argent doré, élevée sur quatre pieds : travail fin et délicat.
94 — Plusieurs bagues en agate, cristal de roche et en cornaline.
95 — Un petit guéridon formant plateau, en argent repoussé : travail flamand.
96 — Collier arabe en argent, orné de pendentifs enrichis de pierreries diverses.
97 — Boîte carrée en écaille, ornée de quatre médailles en or du règne de Napoléon.

Objets divers.

98 — Groupe de deux figures en ivoire : Satyre et Syrène.
99 — Coupe ronde en jade vert, montée en argent doré.
100 — Boîte chinoise en laque rouge, imitant un groupe de fruits avec feuillages.
101 — Boîte en émail en forme de canard, garnie en argent doré, et une petite coupe chinoise en émail.
102 — Une mosaïque de Florence, et deux camées coquilles.

103 — Vase à deux anses et couvercle, orné d'anneaux mobiles sur la panse. Verre de Venise.
104 — Une coupe à pied élevé en verre uni et un gobelet en verre zôné de blanc, en verre de Venise.
105 — Deux jolis plats en faïence de Faenza, représentant, l'un Moïse sauvé des eaux, l'autre un sujet mythologique; les cadres en bois de palissandre.
106 — Une bouteille et un plateau en verre de Venise, à zones blanches.
107 — Deux verres à pieds élevés, de Venise.
108 — Vase à brûler des parfums, bronze chinois très fin et d'une jolie couleur, le couvercle est surmonté d'une chimère; socle en bois de fer.
109 — Autre vase à parfums sans couvercle, en bronze chinois; il est muni de son support également en bronze.
110 — Deux petits vases en verre bleu, montés en bronze doré du temps de Louis XV.
111 — Deux supports chinois en bois de fer découpé à jour; le dessus en marbre veiné.
112 — Un griffon ailé en bronze, et un étui en cuivre ciselé.
113 — Très joli groupe en marbre blanc, représentant Silène enfant dans l'ivresse, sur une panthère : il est accompagné de deux suivants; composition charmante et d'une belle exécution; sur socle en marbre.

114 — Un mortier et son pilon, en ivoire sculpté; travail indien.
115 — Un pot à bierre en ivoire guilloché; travail de tour du temps de Louis XIII.
116 — Verre de Venise sur pied en cuivre doré.
117 — Présentoir ou porte-objet en cuivre doré, formé par une figurine en costume du temps de Louis XIII; il porte une coupe ovale en cristal de riche.
118 — Petite coupe ronde en porcelaine de Sèvres, bleu de roi, à médaillon de paysage; montée en cuivre doré.
119 — Fût colonne en lapis lazuli, formant encrier, supportant une figure d'amour en bronze très-fin, garni en cuivre doré.
120 — Pendule et son pied en marqueterie de couleur, sur fond de cuivre, richement garnie de bronzes.
121 — Bassins à côtes, forme coquille, en émail de Chine, richement décoré, et d'une très-belle qualité.
122 — Douze assiettes en porcelaine de Chine et du Japon.
123 — Dix tasses de grandeurs décroissantes, entrant les unes dans les autres, porcelaine de Chine décorée de mandarins et de fleurs.
124 — Diverses pièces en porcelaine de Chine et du Japon seront vendues par lots.
125 — Deux plateaux et deux petites coupes en émail de Chine, d'une très belle qualité.

126 — Deux carafes et un plateau en verre de Bohême.
127 — Un verre, forme calice, en cristal de Bohême taillé, monté en bronze doré.
128 — Deux cornets en porcelaine de Chine, ornés de perroquets.
129 — Deux petits barils en verre de Venise, imitant le granit.
130 — Grand verre allemand à vin du Rhin en verre vert.
131 — Deux salières en porphyre de Suède.
132 — Joli plateau ovale en laque de Chine ; fond noir à dessin d'or.
133 — Quatre verres en cristal de Bohême, entrant les uns dans les autres ; ils sont taillés et dorés.
134 — Deux grands verres, forme calice, en verre de Bohême, taillés et gravés.
135 — Deux bouteilles fond bleu en porcelaine de Chine.
136 — Un christ en bois de poirier sur croix, en bois noir.
137 — Plateau rond en porcelaine de Sèvres bleu turquoise, à médaillon de paysage, monté en bronze doré.
138 — Deux beaux vases en porcelaine céladon, décorés d'oiseaux et de fleurs faisant relief, et émaillé de diverses couleurs ; belle imitation de la porcelaine du Japon.
139 — Grande soupière en porcelaine de Chine.

140 — Quantité de curiosités de la Chine et des Indes seront vendues par lots.

141 — Armes indiennes, sauvages et autres, telles que : casse-têtes, arcs, flèches, poignards, sabres, etc. etc. seront vendues par lots.

142 — Bénitier italien en bronze ; tête de Christ.

143 — Médaillon reliquaire russe, en argent repoussé et découpé à jour, avec miniatures sur les deux sens.

144 — Boîte à cartes de visites, en ivoire entièrement couvert de sculptures en relief représentant des paysages avec figures ; travail chinois.

145 — Bague en bois sculpté, avec monogramme sur le chaton. Travail exécuté par les moines de Liban.

146 — Tabatière carré long à pans, en pierre des Amazones d'un beau vert, montée en cuivre doré.

147 — Plusieurs tabatières anciennes ornées de miniatures.

148 — Deux jolies petites miniatures du xvi° siècle, dans une boîte en ivoire. Elles représentent, l'une un parc avec château, et l'autre, le chatelain et la chatelaine en riches costumes.

149 — Dix jolies miniatures. Portraits d'hommes et de femmes, parmi lesquels on remarquera celui du chancelier d'Aguesseau, les cadres sont en cuivre doré : seront vendus par lots.

150 — Trois médaillons, miniatures, sujets de marine, par L. Garneray.
151 — Deux miniatures sur ivoire, portraits de femmes du temps de Louis XIV.
152 — Bas-relief ovale, en ivoire ; le départ d'Adonis pour la chasse.
153 — L'Adoration des Mages, bas-relief gothique en ivoire, provenant d'un diptyque du xvie siècle.
154 — Email grisaille de Limoges. *Ecce Homo*, signé I. L.
155 — Petit poignard avec manche en ivoire, formé par une figure de femme couronnée, tenant un sceptre.
156 — Boîte ovale en bronze tonkin, ornée de paysages avec figures en relief, rehaussés d'or.
157 — Boîte ronde en cuivre à dessins champlevés émaillée dans le fonds, travail italien du xvie siècle
158 — Jolie statuette en bronze, jeune fille debout et drapée. Réduction d'après l'antique, par F. Sauvage.
159 — Deux statuettes égyptiennes en bronze, d'après l'antique.
160 — Deux statuettes d'après l'antique, Jupiter assis, par M. Delafontaine.
161 — Petite statuette d'enfant assis, tenant un oiseau en marbre blanc, sur plinthe en jaune de Sienne.

162 — Vase pot-pourri en porcelaine céladon vert, de qualité très ancienne, monté en bronze doré; le couvercle est surmonté d'une chimère.

163 — La Vierge portant l'Enfant-Jésus, statuette en ivoire sur socle en ébène.

164 — Autre statuette semblable, en bois de poirier.

165 — Grande théière chinoise, en pierre de lard verdâtre, l'anse est formée par des branches de pêcher dont les rameaux entourent la panse, le tout évidé et pris dans la masse.

166 — Deux râpes à tabac en ivoire sculpté, du temps de Louis XV, l'une d'elles est ornée d'un bas-relief très fin, Vénus et l'Amour.

167 — Sainte Madeleine, petite statuette et une croix avec Christ en bois.

168 — Figurine d'enfant debout, en ivoire.

169 — Une poire d'amorce et une poivrière en ivoire, ornées toutes deux de bas-reliefs, travail du XVI° siècle.

170 — Suite de cinq poids indiens, en bronze, ayant la forme de petits animaux chimériques, et une divinité indienne à tête d'éléphant, également en bronze.

171 — Jolie statuette de Mercure, d'après celui de Jean de Boulogne, en bronze, sur fût de colonne en jaune de Sienne.

172 — Plat ovale, en faïence de Bernard Palissy, tout uni, émaillé en violet jaspé.

173 — Un masque d'enfant, beau bronze italien du XVIe siècle.

174 — Bas-relief représentant Jésus mené devant Pilate, en albâtre de Lagny, travail du XVIe siècle.

175 — Trois lustres flamands, en cuivre poli.

176 — Une clochette et un petit mortier en métal, avec ornements en relief.

177 — Hibou tenant sous sa griffe trois souris, bronze moderne, d'après l'antique.

178 — Groupe de quatre figures en terre cuite, sujet de bacchanal.

179 — Deux bols en porcelaine du Japon.

180 — Très beau groupe de figures, satyres et bacchantes en bronze, d'après Clodion, sur socle en bois de palissandre, garni de cuivre.

181 — Deux petits vases potiches, en porcelaine du Japon.

182 — Petite coupe en faïence de Faenza, ornée de peinture, montée en bronze.

183 — Une coupe ronde en céladon violet, ancienne et belle qualité, montée en bronze.

184 — Miroir métallique chinois, en forme de disque sur pied, en bois sculpté.

185 — Figurine en terre cuite, par Gois, 1783. Modèle de la statue du Palais de Justice de Paris.

186 — Très petit couvert d'enfant, dont les man-

ches sont formés de petites figurines en ivoire, le tout renfermé dans un étui en cuir gauffré et doré, du temps de Louis XIII.

187 — Un éventail du temps de Louis XV, la miniature est ornée de paillette et la monture en ivoire de dorure.

188 — Un triptyque et une croix Greco-Russe en cuivre, ornés de bas-reliefs émaillés en bleu dans les fonds.

189 — Un vase potiche et un plat en porcelaine du Japon.

190 — Beau yatagan algérien, en argent repoussé.

191 — Un éperon de style mauresque, en fer.

192 — Grand poignard indien, garni en cuivre avec ornements gravés et émaillés en rouge.

193 — Poignard circassien, orné de rosaces en argent et corail.

194 — Petit yatagan en argent repoussé.

195 — Un pistolet turc, garni en argent.

196 — Poignard allemand, la poignée en corne de style oriental est ornée de deux mascarons à têtes de guerriers, en cuivre doré.

197 — Diverses armes orientales et des sauvages des côtes d'Afrique, seront vendues par lots.

198 — Coffre-fort en peau de chagrin, garni en cuivre doré, du temps de Louis XIV.

199 — Bas-relief en albâtre de Lagny, l'Adoration des bergers, cadre doré.

200 — Une serrure de Bahut, en fer découpé à jour.
201 — Un mortier en métal, couvert d'ornements en relief et de fleurs de lys.

Meubles.

202 — Une étagère en bois sculpté et rehaussé de dorure, style flamand.
203 — Grande table à pieds tors, en bois sculpté avec dorure, même style.
204 — Quatre chaises en bois sculpté, à dossiers élevés, foncées en canne.
205 — Jolie chaise sculptée, du temps de Louis XIII, foncée en canne.
206 — Deux chaises flamandes tout en bois avec sculptures.
207 — Petit guéridon à colonne torse.
208 — Deux vitrines sur étagères, en bois sculpté.
209 — Une table en noyer sculpté, à pieds tors.
210 — Deux armoires vitrées, en bois de chêne, sculptées et ornées de cariatides et de mascarons.
211 — Un meuble fermant à deux ventaux, couverts de sculptures, et supportant une tagère.
212 — Un chevalet de sculpteur en bois, à colonnes torses.
213 — Petit meuble à deux portes superposées ornées de bas-relief, dans le style de Jean Goujon.

TABLEAUX ET DESSINS.

TABLEAUX.

214 — Debucourt. Fête de village.
215 — Idem. Petit portrait en pied.
216 — Idem. La Moisson.
217 — Taunay. Femme effrayée par un ours.
218 — Mallet. Naissance de l'Amour.
219 — Ch. Smith. Intérieur d'une église.
220 — Idem. Chapelle des fonts baptismaux.
221 — Schopin. Un marchand russe.
222 — Idem. Une marchande russe.
223 — Devéria. Pujet présentant à Louis XIV sa statue de Milon de Crotone.
224 — Podevin. Intérieur d'une étable à vaches.
225 — Eug. Isabey. La promenade.
226 — Leprince. Le travail, intérieur d'un village.
227 — Bouton. Intérieur d'une cuisine.
228 — Swebach. Halte de cavaliers.
229 — L. Garnerai. Pêche à la crevette.
230 — Idem. Pêche au homard.
231 — Charlet. Tête d'étude d'un vieillard.
232 — Vallin. Paysage avec figures.

DESSINS.

233 — Charlet. Paysanne amusant un enfant.
234 — Clerget. Quatre dessins, paysages.
235 — Boissieu. Plusieurs têtes d'étude.
236 — Bellangé. L'invalide.
237 — Idem. Le meunier, son fils et l'âne.
238 — Martinet. Trois dessins, combats d'Arcis-sur-Aube.
239 — Idem. Laure et Pétrarque.
240 — Idem. Six sujets de la révolution de 1830.
241 — Idem. Trois sujets, batailles sous l'empire.
242 — Idem. Quatre idem variés :
    1° Un incendie.
    2° Voyageurs surpris par la marée.
    3° L'éboulement de Goldau, en Suisse.
    4° Une chasse.
243 — H. Lecomte. Diligence versant dans un précipice.
244 — Idem. Voyageurs arrêtés par des brigands.
245 — Idem. Invalide pleurant son chien étendu à ses pieds.
246 — Idem. Quatre sujets variés.
247 — Idem. Macaire et Aubry de Montdidier.
248 — Foussereau. Portrait à cheval du roi des Belges.
249 — Idem. Paysan maquignon allant au marché.
250 — Idem. Retour d'un relai de poste.
251 — Idem. Quatre sujets de chasse.

252 — Abel de Pujol. Croquade d'un de ses tableaux.
253 — Mme Haudebort-Lescaut. Un mariage de convenance.
254 — Sauwerwed. Postillon allemand conduisant une chaise de poste.
255 — Aug. Garneray. Branche de fleurs.
256 — Boucher. Deux dessins.